TIMBRES

DE

NAPLES ET DE SICILE

PAR

J. B. MOENS

 DEUXIÈME ÉDITION 

BRUXELLES

AU BUREAU DU JOURNAL LE *TIMBRE POSTE*

J. B. MOENS

7, GALERIE BORTIER, 7

1877

NAPLES ET DE SICILE

TIMBRES

D E

NAPLES ET DE SICILE

PAR

J. B. MOENS

DEUXIÈME ÉDITION

BRUXELLES

AU BUREAU DU JOURNAL LE *TIMBRE POSTE*

J. B. MOENS

7, GALERIE BORTIER, 7

1877

PRÉFACE.

Quelques amateurs nous ayant exprimé à diverses reprises le désir de nous voir reprendre l'idée de publier en brochure les articles les plus intéressants qui auraient paru ou qui paraîtraient sur la timbrophilie, nous avons réuni ici ceux concernant les timbres de Naples et de Sicile, articles parus dans le Timbre-Poste, *nos 43 et 177.*

Si, comme nous l'espérons, nous trouvons quelque encouragement à ce genre de publication de la part du public, nous continuerons à faire paraître, de la même façon, les articles qui nous seraient envoyés et qui offriraient assez d'intérêt et ayant assez d'importance que pour être mis en brochure.

Nous ne saurions assez recom= mander aux personnes qui nous en= verraient des articles, de les faire suivre autant que possible de pièces justificatives, c'est=à=dire de nous remettre copie de tous les décrets concernant les timbres.

J.-B. Moens.

Bruxelles, le 1er octobre 1877.

———

TIMBRES DE NAPLES

TIMBRES DE NAPLES

I

Un décret royal, en date du 9 juillet 1857, annonce la création des timbres comme suit, pour le royaume de Naples :

Ferdinand II, par la grâce de Dieu, roi des Deux-Siciles, Jérusalem, etc., duc de Parme, Plaisance, Castro, etc., Grand-Prince héréditaire de Toscane, etc., etc.

Voulant apporter à l'Administration générale des Postes Royales et de piétons toutes les réformes et améliorations, qui sont en rapport aux conditions actuelles de l'industrie et du commerce, et ont pour but de rendre plus facile le service public et plus rapides et fréquentes les correspondances épistolaires dans l'intérieur et à l'étranger ;

Sur la proposition de notre ministre Secrétaire d'Etat et des Finances :

Ouï notre Conseil ordinaire d'Etat

Avons résolu de décréter et décrétons ce qui suit :

1º Les lettres et plis pour l'intérieur et l'étranger seront affranchis d'un timbre-poste, représentant la valeur de la taxe postale payée d'avance.

L'usage du timbre-poste est facultatif. Les lettres et plis qui ne seront pas affranchis, ainsi qu'on vient de le dire, auront néanmoins leur cours, mais seront assujettis, à charge du destinataire, à une surtaxe, ainsi qu'on va l'indiquer.

L'affranchissement par timbre-poste sera obligatoire pour les journaux et imprimés de toutes sortes, soit pour l'intérieur, soit pour l'étranger.

2º Les timbres-poste représenteront des figurines quadrilatères ayant les lys, le cheval et la trinacrie avec l'inscription : *Bollo di Posta* et l'indication de la valeur.

Ils seront de sept espèces et valeurs, c'est-à-dire 1/2 1, 2, 5, 10, 20 et 50 grana.

3º Les timbres-poste seront imprimés et vendus pour compte du Gouvernement.

Il y en aura un dépôt près de l'Administration générale des régies secondaires des postes, des directions postales des chefs-lieux de la province et détroits, ainsi que chez les receveurs d'enregistrement et du timbre et les débiteurs, et en général dans toutes les communes auprès des personnes autorisées par le Gouvernement, pour en faire le débit.

4º Aucune personne ne pourra débiter ou distribuer des timbres-poste, si ce n'est celles indiquées à l'article 3.

Les contrevenants seront taxés d'une amende de 20

ducati et les timbres-poste saisis seront confisqués au profit de l'Etat.

5° Seront considérés comme contrevenants audit article, les débiteurs de timbres-poste qui les vendront ou feront vendre ailleurs qu'à l'endroit de leur dépôt.

6° Les débiteurs ou distributeurs de timbres-poste qui ne seraient pas trouvés par les agents du gouvernement en possession d'une quantité suffisante de timbres, pour le débit de quinze jours, seront punis, selon les circonstances, d'une amende de 6 ducati pour la première fois, et en cas de récidive, outre cette amende, ils seront privés de l'autorisation du débit des timbres-poste.

7° Pour qu'un timbre ayant servi ne puisse plus être utilisé, les employés des postes apposeront sur les timbres, au moment de l'envoi des lettres ou plis, l'estampille en noir : *annullato.*

8° Les employés et autres personnes attachés à l'administration et au service des Postes Royales, qui détacheront les timbres-poste des lettres, afin de les débiter ou en faire usage à leur profit, seront considérés comme ayant porté dommage aux finances royales et punis selon les termes de l'art. 213 des lois pénales.

9° Quiconque aura falsifié ou contrefait les timbres-poste; les employés qui, abusant de leur condition, auront commis ce même crime, dans les bureaux mêmes du gouvernement royal ; les distributeurs des timbres falsifiés ou contrefaits ; ceux qui sciemmment en auront fait usage ou procuré le débit ; les particuliers qui auront fabriqué les poinçons ou autres outils ou machines exclusivement destinés à la confection des timbres, et

ceux qui, connaissant la fabrication des timbres faux ne
l'auraient pas dévoilée aux autorités administratives ou
judiciaires, seront punis, selon le cas, aux termes de
l'article 263 des lois pénales relatives aux crimes de contrefaçon des monnaies de cuivre, et aux termes des
articles 265, 267 à 271 des mêmes lois.

10o La valeur du ou des timbres-poste apposés sur
une lettre, devra répondre au montant du tarif postal. Si
cette valeur était inférieure à la moitié du montant de
la taxe, le destinataire payerait la taxe entière ; si au
contraire elle n'était pas inférieure, l'employé des post s
devra noter sur l'adresse la somme manquante qui sera
payée par le destinataire.

11o Le tarif des lettres sera uniforme pour tout le
royaume jusqu'au « Faro » sans tenir compte de la distance.

12o La taxe uniforme pour chaque lettre simple, c'est-
à-dire d'une seule feuille, sera de 2 grana. Pour les
lettres d'une feuille et demie, elle sera de 3 grana et
pour celles de deux feuilles de 4 grana.

Quant au poids pour les lettres d'un volume supérieur à
deux feuilles, la taxe sera augmentée de 5 en 5 *trappesi*,
jusqu'à l'once dont le prix sera de 8 grana et en-des-
sous diminuera dans une égale proportion, abandonnant
les fractions inférieures à un trappesi.

La taxe des lettres pour la correspondance intérieure
de la capitale et entre les communes du même arrondissement, sera de 1 grano avec les mêmes gradations
susdites.

13o Le tarif postal uniforme pour les journaux et imprimés de toutes espèces sera d'un demi-grano pour chaque feuille.

14º Les lettres non affranchies au moyen de timbres-poste, seront assujetties en plus de la taxe sus-dénommée à une taxe égale à la moitié dudit tarif et dans les mêmes proportions en raison du volume et du poids.

15º Pour la correspondance des lettres et l'envoi des imprimés entre le domaine royal, on observera provisoirement le système actuel jusqu'au jour où seront introduits les timbres-poste au delà du « *Faro* ».

16. Restent en vigueur les prescriptions des art. 2. 9. 10 et 13 du décret royal du 2 mars 1819 relativement aux contrebandes pour les transports des lettres, qui devront se faire exclusivement par l'Administration générale des postes.

17º Afin de rendre plus facile l'usage des timbres-poste, et plus prompte et exacte la distribution des lettres a domicile, et afin d'améliorer le service postal de l'intérieur de la capitale, seront établis dans le centre des divers arrondissements, des succursales des postes ayant chacune un comptable, un commis et quatre porteurs.

18º Il y aura trois expéditions postales chaque semaine pour la correspondance intérieure du royaume et six pour *Terracina*.

19. Le service de la poste intérieure des provinces, sera en rapport avec le nouveau système du service postal avec augmentation de ses courriers, de piétons et de comptables, en proportion du nombre des expéditions et du besoin de la célérité nécessaire et d'exacti

lude du transport de la correspondance entre les communes et les chefs-lieux des provinces, détroits et arrondissements.

Les employés au service de la poste intérieure des provinces, seront nommés par les intendants d'accord avec l'Administration générale des postes, qui émettra les règlements et aura la direction uniforme du service postal.

20' Les messageries actuelles seront abolies, le service du transport des voyageurs sera exécuté par les courriers (malle-poste) chargés de la correspondance postale.

21o En outre des piétons actuels, sera établi un piéton en poste, qui partira une seule fois par semaine par la ligne de Puglia, de Naples à Leue et vice-versà, par celles des *Abruzzi*, de Naples à Teramo et vice-versà et pour Nalice, de Naples à Campobasso et vice-versà.

22o Le nouveau service postal commencera à être mis en vigueur le 1er janvier 1858.

23o Notre ministre Secrétaire d'Etat des Finances présentera à Notre approbation Souveraine les règlements nécessaires pour l'application exacte et l'exécution du service postal en ses diverses parties, selon les principes que Nous avons décrétés.

24o Toutes les lois, décrets et règlements sur le service des Postes Royales et des piétons restent en vigueur à l'exception des dispositions antérieures, auxquelles le présent vient de déroger.

25o Notre Ministre d'Etat des finances et le Directeur du ministère et Secrétaire royal d'État, de grâce et de justice, en ce qui les regarde, sont chargés de l'exécution de présent décret.

Signé : FERDINAND.

Le Ministre Secrétaire d'Etat
Président du Conseil des
Ministres,
Signé: FERDINAND TROJA.

Le Ministre Secrétaire d'Etat
des Finances,
Signé : S. MURINA.

II

Avant l'adoption définitive du type des timbres, plusieurs dessins furent proposés au gouvernement napolitain. Nous avons  d'abord celui ci-contre représentant la tête deTibère d'après M. N. Rondot. Mais, comme l'a fort bien fait remarquer jadis M. Herpin, le profil de Tibère, qui n'aurait rien absolument de flatteur pour le Roi, serait une maladresse des plus grandes; y voir une intention satirique du graveur, est encore moins probable, celui-ci ayant des intérêts à ménager. Nous croyons donc, d'accord avec M. Herpin, que l'effigie représente plutôt celle du Roi Ferdinand II malgré la différence énorme qui existe entre le modèle et le dessin.

Ce timbre a été gravé à Naples en 1856 ou 1857 d'après M. Rondot, en Angleterre par un nommé Lefebvre d'après M. Herpin. Imprimé en bleu.

Un autre essai, sur lequel nous n'avons pu obte.

nir de renseignements, se rapproche beaucoup du type connu. Il est aux armoiries (Naples et Sicile) avec légende : *Bollo della posta Napoletana* en lettres blanches ; en bas, la valeur sur un cartouche : *GRA*. — forme rectangulaire en hauteur. Nous avons vu des exemplaires imprimés comme suit :

<pre>
1/2 grano, jaune-olive.
 1   —   bleu-vert.
 2 grana, rouge-brun.
 5   —   jaune-olive.
10   —   brun-foncé.
20   —   bleu-vert.
50   —   rouge-brun.
</pre>

2

I I I

De même que pour le type des timbres, il a été proposé un papier filagrammé.

Celui que nous avons sous les yeux est blanc verdâtre vergé et au fac-similé ci-contre.

La feuille mesure 44 centimètres de large et 27 de haut. A gauche, le buste du roi Ferdinand; à droite, les armes des Deux-Siciles; dans l'angle inférieur gauche, le chiffre du fabricant.

I V

Émission du 1ᵉʳ janvier 1858.

C'est en suite du décret que nous venons de publier, que les timbres-poste virent le jour le 1ᵉʳ janvier 1858. Ils ont tous les mêmes armoiries, mais renfermées dans des cadres différents (voir la reproduction de chacun d'eux. Ces armoiries sont celles des Deux-Siciles; à gauche, un cheval sans frein au galop représentant les armes de Naples. Ce cheval fut, d'après la tradition, consacré à Neptune; selon Emile Mai-

son (1) à Castor et Pollux, « les premiers dompteurs de coursiers, lesquels jouissaient jadis

(1) *Illustration*, 1866, juillet, p. 11.

dans la contrée, de tous les avantages octroyés
aux dieux, ainsi que l'attestent suffisamment, du
reste, les colonnes du temple et les colonnes mu-
tilées des deux héros placés à la façade de l'Eglise
Saint-Paul; » à droite, l'emblême de la Sicile,
une trinacrie ou assemblage de trois jambes
humaines dont les extrémités supérieures sont
cachées par une tête de Méduse.

« Ce nom de trinacrie est l'ancienne dénomina-
tion de la Sicile qui avait trois promontoires :
Pachynum et les caps Pyloro et Lelybée, l'ima-
gination des Grecs avait ainsi symbolisé la con-
figuration triangulaire de l'île qui figure sous cet
emblême sur une médaille dédiée à l'empereur
Adrien. (117-158). Sous les Arabes et les Normands qui firent la conquête de l'île, les souve-
nirs grecs furent aussi peu connus qu'appréciés :

l'aigle de Souabe les remplaça quand cette maison succéda aux Normands en 1194. Sous la maison d'Aragon Sicile (1282), les armoiries de l'île
portaient d'Aragon flanqué d'argent à l'aigle de

sable becqué et membré de gueules. De 1808 à
1815 la trinacrie figure au centre de la croix de
l'ordre des Deux-Siciles. En 1815, Ferdinand de
Bourbon fit adopter les fleurs de lis de sa maison;
à la suite de la révolution du 12 janvier 1848, le
Parlement Sicilien, réuni le 4 avril, ayant à choi-
sir entre l'emblème grec et l'aigle de Souabe,
adopta la *trinacrie* comme symbole de l'ancienne
liberté (1). »

On lit dans le cadre des timbres : *Bollo della
posta Napoletana*, timbre de la poste Napolitaine;
la valeur est exprimée en chiffres.

Ces timbres ont été gravés par M. Louis Masin
de Naples et imprimés en couleur sur papier filagrammé, par les soins de M. Gennaro de Maja,
sous la surveillance du ministère des finances.

Les feuilles mesurent 42 sur 29 centimètres; en
haut et en bas, une bordure portant : *Bolli postali*

(1) Essai historique sur les armoiries, cris d'armes, etc.,
par J. Vandermaelen.

avec ondulations de chaque côté de ces mots : au milieu de la feuille, les lis des Bourbons au nombre de quarante sur quatre rangées horizontales. La dimension de ces lis est de deux centimètres tant en largeur qu'en hauteur: le papier porte en plus, à gauche, un G majuscule anglaise.

1/2 grano, lie de vin (très-varié).

1	—	—	—
2	—	—	—
5	—	—	—
10	—	—	—
20	—	—	—
50	—	—	—

On a signalé jadis un timbre portant à droite et à gauche, l'inscription : *Bollo della*. Nous avons eu l'occasion de voir ce timbre composé de deux morceaux rajustés !!!

Malgré la chute de la dynastie Bourbonnienne (août 1860), ces timbres restèrent en usage jusqu'à ce qu'ils furent remplacés, le 1er avril 1861. par une autre série.

V

On a pu remarquer que l'article 9 du décret
royal du 9 juillet 1857 cité plus haut, n'était pas
fait précisément pour encourager les faussaires.
Ce gouvernement paternel ordonnait même de
dénoncer les contrefacteurs sous peine d'être
considéré comme leur complice. Malgré cet avis
charitable, les timbres n'en ont pas moins été contrefaits et ont eu même un usage assez répandu,
si nous en jugeons par le nombre d'exemplaires
qui nous est passé par les mains.

Ces imitations sont lithographiées et existent
pour toutes les valeurs, nous assure-t-on (nous
n'avons pas rencontré les 1/2 et 50 gr.). Le
papier ne porte aucun filagramme; il est vrai que
beaucoup de timbres authentiques n'en ont pas
non plus, les fleurs de lis, sur les feuilles, étant en
nombre bien inférieur aux timbres mêmes.

Il y en a diverses variétés. Proviennent-elles
de différents contrefacteurs ou bien y en avait-il
plusieurs variétés à la feuille? c'est ce que nous
ne pourrions dire.

1/2 ,1, 2, 5, 10, 20, 50 gr. lie de vin (varié).

Un point qui pourrait aider cependant à reconnaître les vrais timbres des faux, ce sont les petites lettres microscopiques qui manquent complétement aux imitations. Ainsi :

Le 1/2 grano doit avoir un G dans le cadre inférieur, sous le chiffre.

1 — — — R renversé dans le cadre infér. près du fleuron gauche.

2 — — — A dans l'encadrement de droite sous la dernière lettre de *Napoletana*.

5 — — — S dans le cadre infér., près du fleuron gauche

10 — — — L dans le cadre infér. gauche vers la droite.

20 — — — N dans l'encadr. infér., au milieu.

50 — — — C ou G dans l'encadr. infér. presque sous le chiffre 50.

On a fait circuler des timbres authentiques sur papier brun, présentés comme erreur d'impression, puis comme essais. Ces timbres ont été obtenus dans cet état en les plongeant dans l'eau salée. Donc, sans valeur aucune.

V I

Timbres oblitérés. Il existe un grand nombre de différentes marques d'oblitération ayant le mot *annullato* en caractères variés sur une ligne droite, courbe ou en serpentant ; peu de timbres ont été oblitérés avec le timbre à date. Mais nous avons été étonné de rencontrer quelques exemplaires du 2 grana portant la griffe d'annulation employée en Sicile dont le dessin avait été combiné, ne l'oublions pas surtout, de façon à respecter l'image *sacrée* du Roi.

Cette oblitération sur des timbres de Naples semblerait indiquer leur usage en Sicile. Mais comment et à quelle époque ? C'est ce qu'il serait utile de rechercher.

V I I

Emission de septembre 1860.

Garibaldi venant de Sicile entre à Naples le 8 septembre 1860 et prend la dictature. Comme don de joyeuse entrée sans doute, la taxe des journaux est réduite de moitié : de là  l'émission d'un nouveau timbre. Mais comme le temps presse, on imagine de se servir de la planche du 1/2 grano sur laquelle on change le *G* en *T*, travail assez maladroitement exécuté par M. Gennaro De Maja. L'impression, au lieu d'être rose, est bleue sur le papier à filagramme fleurs de lis :

1/2 tornèse, bleu.

VIII

Emission du 1er *novembre 1860.*

L'entrée de Victor-Emmanuel à Naples étant fixée au 7 novembre, on ne pouvait décemment laisser en circulation le tim-bre aux armes des Bourbons, qu'on venait d'émettre. Aussi l'a-t on fait promptement disparaître en substituant aux armoiries, trinacrie, celles de la Savoie, par un mauvais grattage opéré sur chacun des timbres de la planche même du 1/2 tornèse : il y a donc autant de variétés que de timbres à la feuille, chiffre que l'on n'a pu nous déterminer.

Le papier porte toujours des fleurs de lis en fila-gramme :

1/2 tornèse, bleu (nuancé).

Le travail de grattage a été confié à M. Gennaro de Maja déjà cité.

I X

Emission du 1er avril 1861.

L'annexion des deux royaumes (Naples et Sicile) au royaume de Sardaigne ayant été votée par la nation le 21 octobre 1860, Victor-Emmanuel est proclamé roi d'Italie, le 17 mars 1861. Une série nouvelle de timbres à son effigie voit le jour le 1er avril 1861 pour les provinces napolitaines (Naples et Sicile).

Le type est à peu près le même que celui des Etats Sardes gravés tous deux par le chevalier Matraire. L'effigie en relief est tournée à droite dans un ovale avec inscription dans le cadre extérieur : *Poste Franco Bollo* ; en bas la valeur en toutes lettres :

1/2 tornèse, vert, vert vif, vert jaune, vert foncé.

1/2 grano, bistre, bistre-jaune.

  1 —   noir, noir-gris.

  2 grana, bleu, bleu vif, bleu de Prusse.

  5 —   lilas-rosé, rouge pâle, rouge vif, carmin.

10 —   jaune, bistre, jaune orange.

20 —   citron, citron vif.

50 —   gris perle, gris-bleu, gris-verdâtre, bleu pâle, bleu foncé.

Timbres avec fautes.

Toutes les différentes valeurs émises ont été retrouvées dans la réserve du chevalier Matraire avec l'effigie *renversée*. Mais quelques-unes seulement ont été en usage.

1/2 tornèse, vert.
5 grana,   rouge.

La suppression de ces timbres date du 15 novembre 1862 ; ils purent cependant être échangés contre les timbres italiens jusqu'au 31 décembre même année.

M. N. Rondot (*Magasin pittoresque* 1864, p. 264) rapporte qu'on pouvait faire usage des timbres italiens depuis 1861 sur le pied de 5 centesimi pour 1 grano

DEUXIÈME PARTIE

TIMBRES DE SICILE

TIMBRES DE SICILE

X

Les premières traces d'une discussion officielle que nous trouvons ayant rapport à l'introduction des timbres-poste en Sicile, remontent au 23 novembre 1857 ; cependant tout nous porte à croire qu'il en avait été question antérieurement. Cette discussion avait trait au dessin, à la couleur, au papier devant servir à l'impression des timbres, puis enfin à l'estampille d'oblitération.

Il fallut maintes joutes oratoires pour s'arrêter au dessin : l'effigie Souveraine eut la préférence, les armoiries étant déjà employées dans les provinces napolitaines. Cette décision donnait en outre le contrôle facile, le budget des deux royaumes étant entièrement séparé.

Une fois fixé sur le dessin, le choix des couleurs dira-t-on, était chose aisée et d'une importance tout-à-fait secondaire. Erreur, profonde erreur. Le choix des couleurs pour un gouvernement inquiet et soupçonneux, comme l'était celui des Deux-Siciles, devait être au contraire de la plus haute importance, puisqu'il s'agissait d'écarter tout d'abord les couleurs dont on aurait pu faire sortir certaines combinaisons contraires à celles admises par l'État. C'est pour ce même motif qu'on proscrivit à Naples, les couleurs verte et rouge (1), ainsi qu'il résulte d'une lettre adressée, le 23 novembre 1857, par le Ministre des Finances, au Lieutenant-général. Cela nous rappelle une manifestation qui s'est produite à Venise, lors des événements de 1859 :

Il paraîtrait qu'à cette époque les lettres et enveloppes de lettres étaient toutes encadrées de deuil et affranchies au moyen du 3 soldi noir. Le public préférait même payer une surtaxe, plutôt que d'utiliser d'autres valeurs qui n'avaient pas cette couleur. Nous citons ce fait tel qu'il nous a été raconté, et, quoiqu'il n'ait rien d'invraisemblable, nous en laissons toute la responsabilité à la personne qui nous en a fait part et qui en a, dit-elle, été témoin oculaire.

(1) On sait que la réunion de ces deux nuances, jointes à la blanche, forme la cocarde. ou le drapeau italien.

X I

Mais revenons aux couleurs qu'il s'agissait de
donner aux timbres. Cette question fut mise provisoirement de côté et l'on songea d'abord au
système d'impression qui conviendrait le mieux.
Une seule et unique couleur fut d'abord proposée
pour toutes les valeurs; mais à peine conçu, ce projet fut abandonné pour un autre qui ne valait guère
mieux et qui consistait à donner une couleur uniforme aux trois plus hautes valeurs, *parce qu'elles
seraient moins employées,* mais en réservant une
couleur pour chacune des quatre plus petites
valeurs, dont on prévoyait un plus fréquent usage.
On finit par où l'on aurait dû commencer, en
adoptant le système le plus rationnel : de la distinction des valeurs par la couleur.

XII

Le choix du papier fut l'affaire d'un instant. On ne manqua pas de produire d'abord celui usité à Naples, filagrammé de fleurs de lis et portant aux angles le chiffre du fabricant et les mots : *Bolli di Posta*. Mais il fut décidé qu'on se servirait *provisoirement* d'un papier uni, sans marque spéciale, ce qui établirait une distinction marquante avec le papier employé dans les provinces napolitaines.

XIII

Restait la marque d'oblitération.

La correspondance échangée à ce sujet entre le Ministre des Finances et le Lieutenant-général, qu'il ne serait pas sans intérêt de publier, si notre cadre restreint ne nous en empêchait, nous fait connaître avec quelle sollicitude on recherchait une marque d'oblitération qui respectât l'effigie *sacrée* du roi, tout en annulant le timbre. On connaît par la griffe adoptée le résultat de ces recherches.

X I V

L'expérience ayant démontré combien l'application de cette griffe était difficile, on songea, on *osa* songer, dans un moment d'oubli, à la remplacer par une estampille oblongue avec date, pouvant annuler plusieurs timbres à la fois.

On est forcé de convenir que cet irrévérencieux projet était des plus insensés : D'abord la loi désignait formellement l'endroit où devait être appliqué l'estampille à date du bureau d'origine, et c'était précisément le revers de la lettre, où ne se placent jamais les timbres ; on ne pouvait, par conséquent, sans transgresser la loi, employer cette griffe à deux usages. Il convenait de plus, de ne point manquer à la Majesté Royale, et ce système d'oblitération n'était rien moins qu'un crime de lèse-majesté !

On sent gronder l'orage révolutionnaire dans les propositions nouvelles, que nous retrouvons le 11 août 1859 : Les plus sages proposaient l'estampille française à petits points : les plus audacieux, la marque d'oblitération de Naples : *annullato* ! On voulait annuler le roi !!! La révolution qui éclata quelques mois plus tard mit fin à tous ces projets.

XV

Pendant qu'on discutait sur le choix d'un timbre, M. J. B... proposa un sys-

tème d'impression qui permet-
tait d'obtenir journellement trois
mille timbres au type ci-contre,
dont le dessin et les inscriptions étaient à relief.
Ce type n'était soumis que comme spécimen d'impression, M. J. B... s'engageant à substituer à ce
dessin tel autre qu'on lui désignerait. L'administration des postes a dû donner quelque attention
à ce projet, car nous voyons sur la feuille sou-
mise par M. J. B... (feuille qui contenait trente-
six timbres de diverses couleurs sur trois rangées)
les n°s 1 à 7 placés au-dessous de certaines
nuances.

X V I

C'est le 28 février 1858 que le roi Ferdinand donna son approbation au type qui lui fut soumis par le Ministre des Finances. Nous avons sous les yeux cette pièce qui lui fut présentée; elle est jaunie et salie par le temps : les plus difficiles ne contesteraient pas son authenticité. L'explication de ce qu'elle contient est écrite en petite ronde. Nous traduisons:

N° 1. Épreuve photographique de l'effigie *sacrée* du Roi notre auguste Seigneur qui sera gravée par le célèbre Aloisio.

Cette photographie, de la grandeur du timbre connu, est appliquée sur un encadrement doré qui se trouve au milieu du haut de la feuille.

N° 2. Modèle de l'estampille d'annulation.

Cette estampille, qui est exactement la griffe qui a été adoptée, est dessinée au crayon, au-dessous du n° 1.

N° 3. Modèle des timbres et nuances à l'huile, pour distinguer chaque valeur. L'effigie Souveraine sera imprimée au centre de chaque timbre.

Ces modèles, forment sept encadrements placés les uns près des autres, imprimés en couleur sur papier blanc. Le centre est de couleur et les inscriptions sont toutes les mêmes : *Bollo della*, à gauche; *Posta*, en haut; *di Sicilia*; à droite et G. 10 en bas. La couleur du premier encadrement est jaune, puis ensuite : bistre, bleu-vert, rouge, rouge foncé, violet foncé et brun-violet foncé.

No 4. Modèle d'un timbre-poste complet, déjà annulé par le bureau de poste.

Ce timbre-poste n'est qu'une photographie fortement ombrée du bas et annulée de la griffe n°2. L'encadrement est bleu. Il est collé du haut, au-dessus d'un encadrement violet clair, semblable à ceux du n° 3.

Après ces explications, nous lisons au bas de la feuille, à gauche :

Approuvé complétement par Sa Majesté (Dei Gratia), par lettre du Lieutenant-colonel Severino, du 28 février 1858, à Gaëte.

   CASSISI.

   Et à droite :

     CARLO LA BARBERA dis. 1858.

XVII

Une fois la sanction royale obtenue, l'on fit paraître le décret suivant :

Ischia, 5 juillet 1858.

FERDINAND II,

Par la grâce de Dieu, Roi du royaume des Deux-Siciles, de Jérusalem, etc.; Duc de Parme, Plaisance, Castro, etc.; Grand Prince héréditaire de Toscane, etc.;

Vu les articles 11 à 14 du décret royal du 9 juillet 1857 ainsi conçus :

Art. 11. Le tarif des lettres sera uniforme pour tous les domaines royaux, sans tenir compte de la distance. Il sera gradué seulement en raison du volume des lettres jusqu'à deux feuilles et en raison du poids pour les lettres ayant plus de deux feuilles.

Art. 12. La taxe uniforme pour chaque lettre simple, c'est-à-dire d'une seule feuille, sera de 2 grana ; pour les lettres d'une feuille et demie, 3 grana, et pour celles de deux feuilles, 4 grana. Quant au poids des lettres ayant plus de deux feuilles, la taxe sera augmentée de 5 en 5 *trappesi* jusqu'à l'*once*, dont le prix sera de 8 grana. Au-dessous de l'*once*, on diminuera dans une égale proportion, en abandonnant les fractions inférieures à un *trappeso*. La taxe des lettres, pour la correspondance intérieure de la capitale et entre les communes du même arrondissement, sera de 1 grana avec les mêmes graduations susdites.

Art. 13. Le tarif postal uniforme, pour les journaux et imprimés de toutes espèces, sera d'un 1/2 grano pour chaque feuille.

Art. 14. Les lettres non affranchies au moyen de timbres-poste, seront assujetties, en plus de la taxe sus-dénommée, à une surtaxe égale à la moitié dudit tarif et dans les mêmes proportions, en raison du volume et du poids.

Vu l'article 15 du même décret royal, prescrivant la continuation provisoire du système en vigueur, pour la correspondance échangée entre les deux parties des domaines royaux, jusqu'au jour où le timbre-poste sera en usage en Sicile;

Sur la proposition de Nos Ministres Secrétaires d'État, pour les affaires de Sicile et des finances;

Ouï Notre Conseil ordinaire d'État;

Avons résolu de décréter et décrétons ce qui suit :

Art. 1er. Du 1er janvier 1859, venant adopter pour la Sicile l'usage du timbre-poste, doit cesser le systèm provisoire actuel. Les dispositions contenues dans les articles 11, 12, 13 et 14 susdits seront étendues à la correspondance postale de l'intérieur de la Sicile et à celle échangée entre les deux parties des domaines royaux.

Art. 2. L'affranchissement se fera avec les timbres-poste émis pour chacune des deux parties du royaume. La taxe des lettres non affranchies bénéficiera toujours le Trésor du lieu d'arrivée.

Art. 3. Nos Ministres Secrétaires d'État, pour les affaires de Sicile et des finances, formuleront et soumettront à l'approbation Souveraine, un règlement afin d'empêcher les fraudes et les contraventions du service postal, entre les deux parties des domaines royaux.

Art. 4. Nos Ministres Secrétaires d'État, pour les affaires de Sicile et des finances, et le Lieutenant-général en Sicile, sont chargés de l'exécution du présent décret.

Signé : FERDINAND.

Le Ministre Secrétaire d'État
pour les affaires de Sicile,
Signé : JEAN CASSISI.

Le Ministre Secrétaire d'État,
Président du Conseil des ministres,
Signé : FERDINAND TROJA.

Certifié conforme :
Le Ministre Secrétaire d'État, Président du Conseil des ministres,
Signé : FERDINAND TROJA.

Pour copie conforme :
Le Ministre Secrétaire d'État pour les affaires de Sicile,
Signé : JEAN CASSISI.

Pour copie conforme :
Le Lieutenant-général,
Signé : Prince DE CASTELCICALA.

XVIII

Lorsque M. Aloisio eut terminé le type qui lui avait été confié, il en soumit quelques épreuves. Elles sont au nombre de huit, appliquées sur papier fort portant à l'angle supérieur gauche, le timbre sec du ministère (*R¹ Ministero per gli affari di Sicilia presso S. R. M.*)

L'effigie du roi Ferdinand II est tournée à gauche dans un cadre rectangulaire portant l'inscription : *Bollo della posta di Sicilia* (timbre-poste de la Sicile) ; et en bas la valeur : *gr...*

1/2	gr.	bleu pâle.
1	—	— foncé.
2	—	violet.
5	—	jaune olive.
10	—	jaune.
20	—	carmin.
50	—	vermillon.

Ce dernier en double exemplaire, dont un annulé de la griffe que l'on connaît. Toutes ces épreuves portent au-dessous d'elles un chiffre 8 au crayon, sauf les 20 et 50 gr., où ce chiffre a été surchargé d'un 5. Au-dessous du 5 gr., nous trouvons en plus, les mots : *jaune modifié*.

Après les spécimens fournis par M. Aloisio, nous avons encore ceux qui furent présentés en août 1858 par M. La B..., chargé de l'impression du nouveau type. Nous en connaissons les suivants :

1/2 gr. lilas.
1/2 — bleu foncé.
1/2 — noir.
1/2 — bleu vert.
1/2 — ocre.
1/2 — olive.
1/2 — vermillon.
1/2 — gris
1/2 — carmin.

Le Ministre des Finances, à qui ces spécimens furent soumis, fut loin d'en être satisfait, leur impression étant des plus défectueuses ; mais, pressé par le temps (le décret qui était publé fixait l'émission des timbres au 1er janvier 1859), il dut bien, malgré lui, en confier le tirage à M. La B..., dont le remplacement fut dès ce jour résolu. Ce dernier ne perdit pas son temps, car aussitôt l'autorisation reçue, il activa le tirage des timbres, et, dans les premiers jours de décembre

1858, tous les bureaux de postes et les débiteurs de timbres-poste reçurent leur approvisionnement. Les feuilles mesuraient 30 centimètres sur 22 et portaient chacune 100 timbres sur 10 rangées.

1/2 grano, orange.
  1 — brun-olive, olive, vert-bronze.
  2 — bleu-foncé, bleu-pâle,
  5 — vermillon, rouge, carmin, brique.
10 — bleu-foncé, bleu-noir.
20 — noir-bleu, violet-noir.
50 — brun, brun-rouge.

XIX

Le 29 novembre 1858, parut enfin le curieux décret que voici :

Caserta, 29 novembre 1858.

FERDINAND II,

Par la grâce de Dieu, Roi du royaume des Deux-Siciles, de Jérusalem, etc.; Duc de Parme, Plaisance,
Castro, etc.; Grand Prince héréditaire de Toscane, etc.;

Vu le rapport de Notre Lieutenant-général en Sicile ;

Sur la proposition du Ministre Secrétaire d'État,
pour les affaires de Sicile, auprès de Notre Royale personne ;

Ouï Notre Conseil ordinaire d'État ;

Avons résolu de décréter et décrétons ce qui suit ·

1o **A** partir du 1er du mois de janvier 1859, les lettres
et plis en destination pour l'intérieur des deux parties
du royaume et pour l'étranger, seront affranchis au
moyen de timbres-poste représentant la valeur de la
taxe postale, payée d'avance.

L'usage du timbre-poste est facultatif.

L'affranchissement par timbres-poste est obligatoire
pour l'envoi des journaux et imprimés de toutes espèces,
tant pour l'intérieur que pour l'extérieur.

2o Les timbres-poste seront à Notre effigie et porteront

l'inscription : *Bollo della Posta di Sicilia*, et la désigna-
tion de la valeur. Ces timbres seront de sept différentes
espèces : 1/2 gr., 1, 2, 5, 10, 20 et 50 grana.

3° Les timbres-poste seront imprimés et vendus pour
compte du gouvernement. Il y en aura un dépôt à l'administration générale des postes, à toutes les directions
postales des chefs-lieux de province, chez les receveurs
et en général dans toutes les communes, près des personnes autorisées par le gouvernement pour en faire le
débit.

4° Aucune personne ne pourra débiter ou distribuer
des timbres-poste, si ce n'est celles indiquées en l'article 3.

Les contrevenants payeront une amende de 20 *ducati*
et les timbres-poste saisis seront confisqués au profit
de l'État.

5° Seront considérés comme contrevenants audit article, les débiteurs de timbres-poste qui les vendront ou
feront vendre ailleurs qu'à l'endroit de leur dépôt.

6° Les débiteurs ou distributeurs de timbres-poste
qui ne seraient pas trouvés, par les agents du gouvernement, en possession d'une quantité suffisante de timbres
pour le débit de quinze jours, seront punis, selon les
circonstances, d'une amende de 6 *ducati* pour la première fois et, en cas de récidive, outre cette amende,
ils seront privés de l'autorisation du débit des timbres-
poste.

7° Pour qu'un timbre ayant servi ne puisse plus être
utilisé, les employés des postes apposeront sur les timbres, au moment de l'envoi des lettres ou plis, une

estampille en noir selon le dessin que Nous avons approuvé.

8° Les employés et autres personnes attachées à l'administration ou au service des Postes-Royales, qui détacheraient les timbres-poste des lettres, afin de les débiter ou en faire usage à leur profit, seront considérés comme ayant porté dommage aux finances royales et punis selon les termes de l'art. 213 des lois pénales.

9° Quiconque aura falsifié ou contrefait les timbres-poste, les employés qui, abusant de leur condition, auront commis ce même crime dans les bureaux mêmes du gouvernement royal; les distributeurs de timbres falsifiés ou contrefaits; ceux qui sciemment en auront fait usage ou procuré le débit; les particuliers qui auront fabriqué des poinçons ou autres outils ou machines exclusivement destinés à la confection des timbres, et ceux qui, connaissant la fabrication des timbres faux, ne l'auraient pas dévoilée aux autorités administratives ou judiciaires, seront punis, selon le cas, aux termes de l'article 263 des lois pénales relatives aux crimes de contrefaçon des monnaies de cuivre et aux termes des articles 265, 266 et 271 des mêmes lois.

10° La valeur du ou des timbres-poste, apposés sur une lettre, devra répondre au montant du tarif postal. Si cette valeur était inférieure à la moitié du montant de la taxe, le destinataire payerait la taxe postale tout entière; si, au contraire. elle n'était pas inférieure, l'employé des postes devra noter sur l'adresse la somme manquante, qui sera payée par le destinataire.

11° Le tarif et l'affranchissement des lettres, soit pour

l'intérieur de la Sicile, par voie de mer ou voie de terre,
est réglé par le décret royal du 5 juillet 1858.

12° Le règlement annexé au présent est approuvé par
Nous.

13° Resteront en vigueur toutes les lois, décrets et
règlements sur le service des Postes-Royales et ceux qui
ne sont pas abrogés par le présent.

14° Notre Ministre Secrétaire d'État pour les affaires
de Sicile et Notre Lieutenant-général en Sicile sont
chargés de l'exécution de ce décret.

Signé : FERDINAND.

Le Ministre Secrétaire d'État

pour les affaires de Sicile,

Signé : JEAN CASSISI.

Le Ministre Secrétaire d'État,

Président du Conseil des ministres,

Signé : FERDINAND TROJA.

Certifié conforme :

Le Ministre Secrétaire d'État, Président du Conseil des

ministres,

Signé : FERDINAND TROJA.

Pour copie conforme :

Le Lieutenant-général,

Signé : Prince DE CASTELCICALA.

X X

Ainsi que nous l'avons dit plus haut, le Ministre
des Finances était mécontent de M. La B..., qui ne
lui fournissait que des timbres d'une impression
défectueuse. Le Ministre ignorait sans doute, qu'un
type bien réussi était susceptible de donner de
très-mauvaises épreuves, lorsqu'il était confié à
des mains inhabiles, car nous le voyons entrer en
pourparlers avec M. P..., afin d'obtenir de ce dernier un type réunissant les *mêmes* dispositions que
le disgracié. On verra par la succession des timbres fournis par M. P... combien le choix du ministre était heureux. En cœur bien reconnais-
sant, M. P... ne voulut cependant pas abuser de
la confiance qu'on avait en son talent; il espéra,
en s'adressant à ses confrères, trouver les capaci-
tés dont il se sentait dépourvu. Voici ce qu'il ob-
tint : 1er *type*. L'effigie du roi Ferdinand, qui est

tournée vers la gauche, a le fond
présentant un treillis en losange;
autour de l'encadrement, on lit :
Bollo della posta di Sicilia. Le
chiffre de la valeur ne s'y trouve
pas. Il y a des épreuves tirées en

noir-gris et en bleu sur papier ordinaire. Quelques tirages ont également été faits en bleu sur papier pelure. Le système d'impression qu'on présentait avec le type est le même que celui usité au Pérou en 1868, et dont il a été question au *Timbre-Poste*, n° 28, page 34. On comptait pouvoir imprimer cent mille timbres par jour, sur papier en bande sans fin. Le ministre, n'ayant pas reconnu en cette effigie celle du roi Ferdinand, en fit l'observation à M. P..., qui s'empressa de remplacer son type par un autre moins bien réussi. L'effigie du roi se détache sur fond uni ; on y retrouve la même inscription et l'absence de tout chiffre indicatif de la valeur. L'épreuve que nous avons obtenue était imprimée en noir sur blanc.

Ce second essai valut un rappel à l'ordre à M. P... Le ministre lui fit observer qu'il devait absolument s'en tenir au dessin du type, gravé par M. Aloisio.

X X I

M. P... se *remit* donc au travail, et, quelque temps après, il produisit son troisième *chef-d'œuvre*, dont nous possédons des épreuves imprimées en noir et en bleu sur papier blanc, sans indication de la valeur. Nous avons aussi les suivantes :

1/2 gr., bleu vert.
1 — bleu.
2 — lilas.
5 — orange.
5 — vermillon.
10 — jaune olive.
10 — bleu foncé.
20 — rose.
50 — vermillon.

Avec un peu de bonne volonté, on y retrouve une pâle imitation du type en usage ; mais ce n'était pas là ce que cherchait le ministre : il voulait mieux. Le type fut refusé.

XXII

M. P... qui méritait par sa constance de meilleurs résultats, vint prouver par un quatrième type toute son impuissance et celle de ses *collaborateurs*. Cherchant à fasciner cette fois le ministre, il *enjoliva* son timbre en plaçant des fleurs de lis aux quatre angles et en substituant au simple filet de l'encadrement extérieur, un autre, perlé. Malgré et peut-être à cause de ces *enjolivements*, le type que nous avons vu imprimé  en gris ne fut pas plus heureux que ses prédécesseurs.

XXIII

Fatigué de ces vains essais, le Ministre des Finances, en désespoir de cause, se rappela les offres qu'il avait reçues jadis de M. J. B..., offres que celui-ci avait accompagnées d'un spécimen de gravure et d'impression, que nous avons déjà reproduit page 39, et qui avait été refusé. Ce n'est donc pas sans un grand étonnement que M. J. B. apprit qu'on le chargeait de l'exécution d'un type à relief devant représenter l'effigie du roi Ferdinand. Malheureusement pour M. J. B..., les événements politiques vinrent modifier sensiblement la commande reçue : l'heureux débarquement à Marsala, de Garibaldi et de ses volontaires, qui eut lieu le 10 mai 1860, vint supprimer définitivement tous les projets de réforme du ministre.

FIN.